C'EST PAS SORCIER d'être…

Texte de
Madeleine Deny

Illustrations de
Benoît Perroud

Personnages de Fred et Jamy
Mauro Mazzari

Avec la collaboration de **Frédéric Courant** et **Jamy Gourmaud**

Direction de la publication : **Dominique Korach**
Direction éditoriale : **Céline Charvet**
Responsable d'édition : **Jean-Christophe Fournier**
Édition : **Mathilde Bonte-Joseph, Céline Chopin**
Direction artistique : **Jean-François Saada, Lieve Louwagie**
Conception graphique : **Lieve Louwagie, Lawrence Honoré**
Maquette : **Lawrence Honoré**
Relecture scientifique : **Jacques Cuisin**
Relecture typographique : **Magali Martija-Ochoa**
Fabrication : **Céline Premel-Cabic**
Photogravure : **Dupont**

Nous remercions les équipes de C'est pas sorcier, FTD et Riff, et tout particulièrement François Vié.

un dauphin

Texte de **Madeleine Deny**

Illustrations de **Benoît Perroud**

ES-TU PRÊT À CHASSER dans les vastes étendues marines, à te battre contre des requins, à surfer dans les vagues en jouant avec les hommes ? Eh bien, que dirais-tu de devenir un jeune dauphin, curieux et joueur ?

Je t'accompagnerai avec **Jamy** tout au long de ton chemin. À chaque page, tu devras prendre la bonne décision pour avancer. Tu seras renvoyé d'une page à l'autre jusqu'à la fin de l'histoire.

Comme il y a plusieurs histoires dans ce livre, tu pourras le lire plus de **dix fois** sans vivre la même aventure. Certaines fins seront heureuses, d'autres un peu moins... mais je sais que tu repartiras toujours d'un bon pied !

À la fin de chaque épisode, Jamy te donnera de **précieuses informations** pour en savoir un peu plus sur les dauphins et leur mode de vie. Les mots difficiles, suivis d'un astérisque (*), sont expliqués à la dernière page.

Un dernier conseil avant de partir : méfie-toi des requins, des hommes, et même de l'orque, ta cousine...

CHOISIS BIEN TON CHEMIN !

C'EST PAS SORCIER

QUANT À MOI, JE TE RETROUVERAI À CHAQUE FIN D'AVENTURE POUR UN PETIT TOPO...

Les topos de Jamy

TU Y TROUVERAS À CHAQUE FOIS, rassemblées sur une seule page, des informations passionnantes. Rien ne t'empêche de les lire indépendamment de l'histoire !

Le dauphin, un mammifère marin

18 L'évolution des dauphins

5 La famille du dauphin

39 Le début de la vie

Chasser et se défendre

13 Les prédateurs du dauphin

22 L'importance du groupe

Nager dans les profondeurs de l'océan

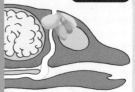

1 Communiquer et naviguer

Le corps du dauphin

28 Le système digestif du dauphin

9 Le système respiratoire du dauphin

32 Un corps adapté à la vitesse

Ta silhouette se détache avec netteté dans l'eau limpide.
Tu ballottes la tête de droite à gauche en évitant les bouquets
de corail. C'est près d'ici que tu as vu le jour, dans les hauts-fonds*
d'une crique d'une petite île des Bahamas, il y a plus de quinze ans.
Le temps d'une inspiration, tu crèves la surface de l'eau, frappes
une vague d'un coup sec avec ta queue et plonges à nouveau.
C'est le signal du départ.
Six jeunes adultes te rejoignent. Tout excités, ils nagent en cercle
autour de toi, prêts à t'accompagner pour un long voyage
dans l'océan.

DIS, JAMY, AVANT D'ALLER
PLUS LOIN, TU POURRAIS NOUS
DIRE COMMENT LES DAUPHINS
COMMUNIQUENT ET S'ORIENTENT
DANS LES PROFONDEURS ?

VOLONTIERS, FRED... FIGURE-TOI QU'ILS UTILISENT DES SONS !

Communiquer et naviguer

Les dauphins communiquent tout d'abord par de nombreux **gestes** : frottement des nageoires, claquement de la nageoire pectorale sur l'eau, morsure... Il est probable qu'ils n'échangent que des informations simples : signaler leur présence, montrer leur joie, leur colère ou leur faim...

Ils émettent aussi différents types de **sons**, bien qu'ils n'aient pas de cordes vocales. Les scientifiques ne savent pas exactement comment ils les produisent...

Communiquer

Le dauphin possède trois paires de **sacs aériens** de chaque côté de son conduit nasal. Il peut contrôler le passage de l'air d'un sac à l'autre et émettre ainsi une sorte de couinement. Mais il est possible aussi qu'il produise des sons en modifiant la forme d'une partie de son **larynx** au moment du passage de l'air.

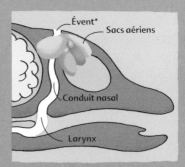

Grâce à une sorte de **sonar***, les dauphins envoient aussi des **sons pour se repérer** dans l'eau. C'est ce qu'on appelle l'« écholocation ».

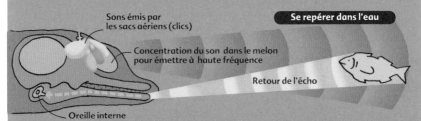

Le dauphin envoie régulièrement des **clics** de basse fréquence pour s'informer de ce qui l'entoure. Quand ces clics heurtent un obstacle, ils reviennent en **écho** vers le dauphin qui se fait ainsi une **image mentale** de ce qu'il a devant lui. Pour préciser cette image, le dauphin se rapproche de sa cible et envoie de nouveaux clics de plus haute fréquence.

Quelle fougue ! Sous un ciel bleu azur, tu plonges, bondis, disparais à nouveau dans la mer turquoise. Après un saut avant en vrille, tu constates plein de fierté que tu es le plus grand, le plus puissant et le plus rapide du groupe. Rien ne pourra vous arrêter, toi et ta bande de bolides marins !

Soudain, tu interromps tes ébats. Tu viens de repérer une masse sombre qui évolue dans les profondeurs. Serait-ce un délicieux banc d'anchois qui calerait ton appétit de gros mangeur, ou une simple nappe d'algues en train de dériver ?

 SI TU DÉCIDES DE MODULER UN SIFFLEMENT POUR PRÉVENIR TES CONGÉNÈRES, VA EN 15.

SI TU PRÉFÈRES PLONGER IMMÉDIATEMENT POUR VÉRIFIER CE QUI SE CACHE LÀ-DESSOUS, VA EN 17.

L'orque se lance à ta poursuite. Rien ne semble pouvoir échapper à l'appétit de cette ogresse ! Elle ne tarde pas à te rattraper. D'une série de couacs violents, tu lui montres ta colère. Pourquoi s'en prendre à quelqu'un de sa famille ?

La réaction de l'orque ne tarde pas. Tes stridulations* ont renforcé son envie de te régler ton compte. Elle te saisit par la queue, te remonte à la surface et te projette dans les airs !

Tes compagnons bondissent au loin, affolés de te voir ainsi maltraité. Au moment où tu sens ta dernière heure venue, la chance te sourit. L'orque vient de repérer une otarie, proie plus facile. Tu es sauvé ! mais tout étourdi. Il va falloir te requinquer !

 SI TU DÉCIDES DE CHERCHER UN ENDROIT CALME OÙ TE REPOSER, VA EN 21.

SI TU PRÉFÈRES REGAGNER LENTEMENT LA CÔTE, VA EN 13.

Huit jours plus tard, tu es méconnaissable. Ta peau se craquelle, tes yeux sont boursouflés, le dessous de tes nageoires se fendille…
– Mon pauvre ami, te dit la dresseuse, cette nouvelle vie va te tuer. Je ne peux pas te laisser souffrir autant sans rien faire… Tant pis si je perds ma place.
C'est ainsi qu'un jour, l'association « Les amis des dauphins libres », qui se bat contre la capture des dauphins, te rachète au directeur du parc. Après avoir été soigné par tes protecteurs, tu es replacé dans ton milieu naturel. Mais tu as pris l'habitude

de recevoir de la nourriture de la part des hommes et chaque soir, tu reviens vers le port où des pêcheurs te lancent quelques poissons pour amuser la foule. Mais un jour…

– Cessez de nourrir ce dauphin, ce n'est pas un animal de cirque ! s'époumone un homme en montrant son badge de protecteur des dauphins sauvages.

Et te voilà à nouveau emprisonné dans un filet !

 NE DÉSESPÈRE PAS ! VA VITE EN 32.

La tâche n'est pas facile. Il faut te maintenir en surface pour te permettre de respirer ; mais il ne faut pas non plus te garder trop longtemps à l'air libre, en plein soleil, pour éviter la déshydratation de ta peau. Le vieil homme sait s'y prendre avec les dauphins. Aidé par des amis qui naviguent avec lui ce jour-là, il te glisse délicatement au fond d'un canot pneumatique où il a posé un matelas de mousse imbibé d'eau. Tu es ensuite emmailloté dans une couverture humide. Tes plaies cicatrisent peu à peu.

Un jour où, toutes tes forces revenues, tu frétilles dans ton berceau de mousse, une bande de dauphins entoure le canot. Le vieil homme et ses amis déroulent ta couverture et te remettent à l'eau. Après une joyeuse parade au milieu des sifflements et des éclaboussures, tu prends la direction du large avec tes amis.

QUELLE BELLE FIN D'AVENTURE !
TU VAS POUVOIR À NOUVEAU
SILLONNER L'OCÉAN !

DIS, JAMY, TU CROIS QU'IL VA
RENCONTRER DES COUSINS ?

La famille du dauphin

Le dauphin est un cétacé*. Tous les cétacés sont des mammifères marins. L'ordre des cétacés est divisé en deux sous-ordres : les cétacés à fanons et les cétacés à dents. Les cétacés à fanons comptent 11 espèces qui ont des fanons à la place des dents (baleines, rorquals). Tous se nourrissent de plancton animal ou krill (crustacés minuscules et transparents). Le dauphin fait partie des **cétacés à dents**, et plus exactement de la famille des **delphinidés**.

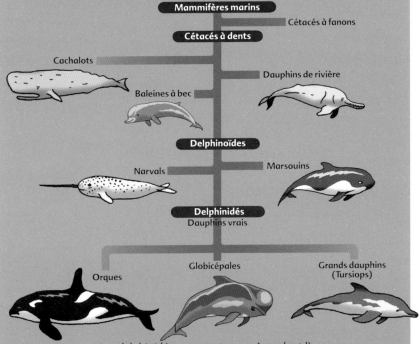

Les delphinidés comptent **32 espèces** dont l'orque, le grand dauphin, le dauphin bleu et blanc...

Les dauphins les plus répandus dans les océans sont les **grands dauphins** et les **dauphins bleus et blancs**.

Tu fuis ton ignoble cousine et atteins une vaste cuvette tapissée de sable fin, piquetée çà et là de rochers recouverts d'anémones* et de gorgones*. Le lieu te semble sûr. Tu vas enfin pouvoir reprendre haleine.

Tes compagnons te retrouvent grâce au signal que tu leur envoies depuis ta cache. Rassemblés en un groupe compact, vous vous frottez doucement les uns contre les autres pour vous apaiser. Mais vous ne dormez que d'un œil, car dans l'océan, l'ennemi peut fondre sur vous à tout moment. Tu te laisses bercer par les flots, laissant passer devant toi quelques jolies rascasses et une immense raie manta*. Soudain, une émission de sonar* te fait sortir de ta langueur. Tu viens de déceler l'onde caractéristique d'un requin en chasse !

 SI TU DÉCIDES DE REMONTER AU PLUS VITE À LA SURFACE, VA EN 13.

SI TU PRÉFÈRES NE PAS BOUGER, EN ESPÉRANT QUE LE REQUIN PASSE SON CHEMIN, VA EN 29.

Repu, tu t'apprêtes à sombrer dans un sommeil bien mérité. Tes yeux se ferment à demi et tu te laisses flotter.

Une vibration soudaine te fait l'effet d'une onde de choc. Elle martèle ton corps. Tous tes sens en éveil, tu émets des sifflements aigus pour prévenir tes compagnons et te lances à la poursuite d'une énorme masse qui surgit à l'horizon. C'est une baleine ! Rien ne pouvait te ravir davantage que de nager dans le sillage de ta grosse cousine. Le panache blanc formé par le souffle du cétacé* te chatouille les nageoires. Tu t'élances à ses côtés dans un tourbillon de bulles.

Mais la baleine est accompagnée d'un petit baleineau. Ta présence inquiète la mère. Avec habileté, elle éloigne le petit, te frappe de sa queue et t'envoie valdinguer !

SI TU T'ÉLOIGNES DE LA BALEINE POUR ALLER PÊCHER PLUS AU CALME, VA EN 34.

SI TU PRÉFÈRES TE RAPPROCHER DE LA CÔTE, VA EN 13.

Le vent se lève brusquement et la mer s'agite, menaçante.
Le bateau des plongeurs rentre précipitamment au port. Te voilà
enfin seul ! Mais tu es inquiet. Qu'est devenu l'homme au Zodiac,
parti en mer ce matin ?

Tous tes sens en alerte, tu nages à pleine vitesse vers le large. Tu détectes enfin la présence de son bateau. Il dérive en pleine tempête ! Tu bondis sur la mer déchaînée, te rapproches du Zodiac et exerces une forte pression sur le côté pour l'orienter vers le rivage. Ton ami, recroquevillé au fond de son embarcation, n'en croit pas ses yeux de te voir évoluer avec autant d'aisance. Tu parviens tant bien que mal à éviter les récifs, et à guider le Zodiac tout près de la côte.

TU VAS Y ARRIVER ! SONDE LA DISTANCE QU'IL TE RESTE À PARCOURIR AVANT D'ATTEINDRE LA PLAGE ET NAGE JUSQU'EN 18.

Tu t'approches prudemment de la lagune aux eaux peu profondes et observes un curieux manège. Les dauphins et les hommes pêchent ensemble des mulets. Les hommes, de l'eau jusqu'aux cuisses, frappent la surface de l'eau avec des bâtons. Les dauphins, quant à eux, rabattent le poisson vers la côte, où des pêcheurs déploient leurs filets. Les mulets, entre leurs deux prédateurs*, n'ont pas d'autre solution que de se laisser croquer par les uns ou emprisonner par les autres.

Tu te joins avec enthousiasme à cette pêche miraculeuse qui ressemble à un jeu. Les villageois, rassemblés sur la plage, applaudissent vos prouesses. Quel paradis ! Que rêver de plus ?

APRÈS TANT DE PROUESSES, TU VAS PEUT-ÊTRE ENFIN POUVOIR FAIRE UN PETIT SOMME !

MAIS JE CROIS QUE CHEZ LES DAUPHINS ON NE DORT QUE D'UN ŒIL, C'EST BIEN ÇA JAMY ?

ET OUI, CAR SI LES DAUPHINS DORMAIENT PROFONDÉMENT, ILS RISQUERAIENT DE SE NOYER.

Le système respiratoire du dauphin

Comme tous les mammifères,
le dauphin respire avec des **poumons**. L'air y pénètre par son évent*, qui lui permet de respirer sans arrêter de nager ou devoir lever la tête. Quand il est sous l'eau, le dauphin referme son évent.

Le dauphin tient ordinairement 3 min en **apnée** (c'est-à-dire sans respirer) mais il peut plonger, si besoin, pendant 15 min. Il a une capacité respiratoire plus grande que celle de l'homme :

Grâce à son « réseau admirable », le dauphin peut orienter l'oxygène inspiré vers les organes les plus importants : le cerveau et le cœur.

À chaque inspiration, les poumons renouvellent 80 à 90 % de leur air (15 % seulement pour l'homme).

Les cellules du dauphin sont mieux alimentées en oxygène que celles de l'homme, car le dauphin dispose de deux fois plus de globules rouges que lui. Or ce sont les globules rouges qui transmettent l'oxygène de l'air aux cellules.

Pour le dauphin, la respiration est un **acte volontaire** et non un réflexe. Ainsi, si le dauphin sombre dans l'inconscience, il arrête de respirer. C'est pourquoi il ne peut dormir qu'à moitié !

Vous rejoignez le bateau rapidement. Après une série de cercles autour de l'embarcation, ton camarade se dresse sur sa queue et tend sans crainte son rostre* en direction d'un humain qui lui lance un poisson. Quel régal ! Chaque saut est récompensé par un poisson de plus en plus gros.

Mais la scène te rappelle soudain la capture d'un petit dauphin à laquelle tu as assisté il y a plus de dix ans. Tu comprends que ton ami est peut-être en danger... Ces hommes ne sont-ils pas des chasseurs professionnels ?

Tu as raison d'avoir peur. Les hommes vous ont bien observés. Ils ont compris que ces jeunes et beaux dauphins pourraient leur rapporter gros.

CES HOMMES SONT DANGEREUX !
PLONGE ET FILE EN 24...

La saison bat son plein dans le parc aquatique. Tu es sans cesse sollicité. Tu as appris à jongler avec des balles, à passer dans des anneaux, à faire des loopings, à « marcher » sur ta queue… Ta jeune dresseuse aime les dauphins ; elle essaye de rendre ta captivité la plus douce possible, mais rien n'y fait. L'agitation et le bruit incessant qui t'empêchent de te servir de ton sonar* te font déprimer. Les souvenirs de ta vie sauvage ravivent la douleur d'être loin des tiens. Au bout d'une semaine, malgré les soins de la jeune femme, tu es devenu méconnaissable, irritable et agressif… Un soir où la solitude te pèse trop, fatigué, tu te laisses doucement couler au fond de la piscine et décides de ne plus remonter.

NON, PAS ÇA ! MADAME LA DRESSEUSE ! FAITES-LE REMONTER À LA SURFACE ET SOUTENEZ-LE JUSQU'EN 20 !

Tu croises un groupe de plongeurs. Vous nagez quelque temps ensemble. L'un d'entre eux s'approche de plus en plus près de toi… Il aimerait qu'un de ses amis vous photographie ensemble. Mais en essayant d'attraper ta nageoire dorsale, il blesse ta peau si fragile avec sa ceinture de plomb. Surpris, tu gifles le rustre d'un coup de queue et fais claquer ton rostre*. Les plongeurs essayent de remonter tant bien que mal sur leur bateau. Croyant que tu cherches à les attaquer, l'un deux dresse une rame pour se défendre.

SI TU DÉCIDES DE RESTER DANS LES PARAGES,
CAR TU ES SÛR QU'ILS NE T'ENNUIERONT PLUS, VA EN 8.

SI TU PRÉFÈRES QUITTER CES LIEUX
AU PLUS VITE, VA EN 35.

$\mathcal{S}$ur ton chemin tu es à nouveau confronté à un terrible danger : des requins affamés nagent à la surface de l'eau. Ils t'ont repéré et essaient de te mordre chaque fois que tu veux remonter pour respirer !

Tu émets des cris rauques et guettes le moindre écho, le moindre souffle provenant des vastes étendues marines. Aucun dauphin ne vient à ton secours ; seul un bateau de pêche se profile à l'horizon. Derrière lui, l'eau transparente est troublée par le moteur. Tu décides d'aller te cacher dans son sillage, pour devenir invisible aux yeux de tes prédateurs*. Mais tu n'as pas le temps d'éviter l'hélice du bateau. Tu es mortellement blessé… Ta vie se termine ici.

C'EST VRAIMENT DANGEREUX, L'OCÉAN ! MAIS TU T'ES ADMIRABLEMENT DÉFENDU.

JAMY, PEUX-TU NOUS RAPPELER QUELS SONT LES PRÉDATEURS DU DAUPHIN ?

Les prédateurs du dauphin

Les grands requins sont les principaux prédateurs* des dauphins. C'est en plongeant en piqué, droit sur leur proie, que les requins tuent le plus de dauphins. Car si les yeux des dauphins, disposés latéralement, leur offrent une vision vers l'avant, sur les côtés, et même vers l'arrière, en revanche ils ne voient pas au dessus d'eux...

Champ de vision du dauphin

L'**orque**, bien que de la même famille que les dauphins, attaque souvent ces derniers. Elle les tue en les assommant ! Mais le pire ennemi du dauphin est l'**homme** dont les activités tuent chaque année près d'un million de dauphins.

Filets dérivants   Pollution de la mer   Chasse

– Déposez cette malheureuse bête sur le brancard, puis soulevez-la en faisant bien attention de ne pas lui déchirer ses nageoires.

Le protecteur des dauphins te transporte dans une jolie crique.

– Tu dois d'abord te retaper dans ce vaste enclos, t'annonce-t-il en te faisant découvrir ton nouvel habitat.

Tu es un peu déçu d'être encore prisonnier, mais l'eau de mer qui glisse sur ton corps te fait du bien. Malgré ta faiblesse, tu arrives à faire sortir un tout petit chuintement de remerciement de ton évent* avant de plonger visiter ta nouvelle demeure.

Un soir de pleine lune, après une longue période de convalescence, tu remarques avec étonnement que tu peux nager sans te heurter aux filets qui délimitent les eaux de ton enclos. Les hommes ont décidé que tu étais prêt à retourner à la vie sauvage. Tu peux partir !

 SI TU DÉCIDES DE T'ÉLOIGNER IMMÉDIATEMENT VERS LE LARGE, VA EN 28.

SI TU PRÉFÈRES ALLER JOUER DANS LES VAGUES PRÈS DE LA CÔTE POUR CÉLÉBRER TA LIBERTÉ, VA EN 38.

Toute la bande t'a maintenant rejoint. Tu as réussi à détecter un gigantesque banc d'anchois ! La chasse peut commencer.

Dans une cacophonie de cris, de gazouillis et de sifflements, vous encerclez les poissons qui s'étirent en un long nuage brillant. Le piège se referme sur les anchois, prisonniers de bulles tourbillonnantes.

Pendant que le groupe empêche les poissons effrayés de s'échapper, tu entames le festin : quinze kilos d'anchois ! Tu cèdes ensuite ta place à tes compagnons qui, chacun à leur tour, prélèvent leur part.

Cette chasse fructueuse vous a remplis d'allégresse. Vous exécutez une suite de sauts impressionnants.

 SI TU DÉCIDES, MAINTENANT QUE TU AS LE VENTRE PLEIN, D'ALLER TE REPOSER, VA EN 7.

SI TU PRÉFÈRES CONTINUER À JOUER, VA EN 36.

Hélas, pendant ce temps, ton compagnon blessé s'est éteint. Tu lui fais un dernier adieu en le caressant doucement, puis tu cherches à remonter à la surface.

Tu n'en as pas le temps. Le requin s'élance vers toi et te mord. D'un seul coup, il découpe sur ton flanc un énorme morceau de chair. Tu te défends de ton mieux contre ce colosse de plus d'une tonne. Comme un diable, il jaillit, prêt à te mordre à nouveau… Lorsque, arrivé à deux mètres de toi, il se détourne brusquement pour foncer sur ton pauvre compagnon, inerte.

Tu peux filer ! Les muscles tendus, tu bondis hors de l'eau, aspires par ton évent* une immense goulée d'air et t'enfuis en solitaire.

VA DOUCEMENT EN 33, TU ES GRAVEMENT BLESSÉ !

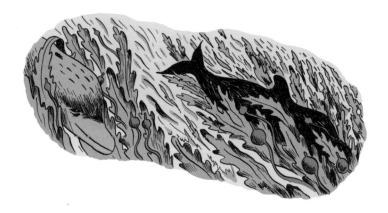

Tu t'enfonces dans les profondeurs, et tombes nez à nez avec le plus jeune et le plus farceur de tes compagnons... Il s'est amusé à se cacher au milieu d'une immense nappe d'algues. Il t'entraîne alors dans une poursuite effrénée à travers les sombres herbes marines. Lorsque tu le rattrapes enfin, tu le retrouves affublé d'un collier d'algues et de petits morceaux d'éponge sur la tête !

De retour à la surface, tu fonces vers un morceau de bois qui flotte non loin de là, et le projettes au loin avec ton rostre*. D'un couinement aigu, ton camarade de jeu salue ta performance. Vous continuez votre virée en vous rapprochant de la côte, où un bateau est en vue...

 SI TU DÉCIDES DE LE SUIVRE, VA EN 10.

SI TU PRÉFÈRES CONTINUER À BATIFOLER AVEC TES CAMARADES, VA EN 26.

Le rescapé reprend peu à peu ses esprits.
– Je dois la vie à ce dauphin… Quels mammifères extraordinaires !
La reconnaissance de l'homme que tu as sauvé est profonde et sincère. Depuis la plage, il s'adresse à toi :
– Je ferai tout pour que les hommes de cette région respectent ta vie d'animal sauvage et ne t'importunent plus…
« Marché conclu », sembles-tu lui répondre, en exécutant un somptueux saut avant en vrille.
Tu plonges et rejoins le tapis marin sablonneux pour prendre un peu de repos. Te voilà en sécurité dans cette magnifique baie ! Il ne te reste plus qu'à rassembler quelques dauphins pour couler ici des jours heureux, entre amis.

C'ÉTAIT UNE BELLE AVENTURE ! JE SENS QUE TU VAS BIENTÔT REPARTIR VERS LE GRAND LARGE…

MAIS AU FAIT, JAMY, POURQUOI DIT-ON QUE LE DAUPHIN EST UN MAMMIFÈRE ? IL RESSEMBLE PLUTÔT À UN POISSON…

ET POURTANT, LE DAUPHIN EST BIEN UN MAMMIFÈRE !
SES PARENTS LES PLUS PROCHES SUR TERRE SONT
DES MAMMIFÈRES À SABOTS, LES ONGULÉS.

L'évolution des dauphins

Il y a 60 millions d'années, les ancêtres des dauphins
et des autres cétacés vivaient sur la terre ferme près des côtes.
Le **mésonyx** était un animal à quatre pattes de taille moyenne,
couvert de poils, avec des sabots ! Il se nourrissait de poissons,
d'amphibiens (de grenouilles, par exemple) et de crustacés.

Mais un gigantesque **bouleversement climatique** entraîna
la disparition des trois quarts des espèces. Pour survivre et échapper
à ses prédateurs*, le mésonyx dut se rapprocher du milieu aquatique,
pour finir par y vivre complètement. Son corps s'est progressivement
transformé pour s'adapter à ce nouveau mode de vie.

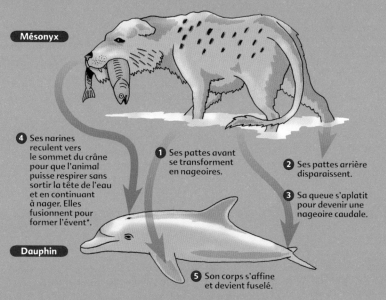

Mésonyx

❹ Ses narines
reculent vers
le sommet du crâne
pour que l'animal
puisse respirer sans
sortir la tête de l'eau
et en continuant
à nager. Elles
fusionnent pour
former l'évent*.

❶ Ses pattes avant
se transforment
en nageoires.

❷ Ses pattes arrière
disparaissent.

❸ Sa queue s'aplatit
pour devenir une
nageoire caudale.

Dauphin

❺ Son corps s'affine
et devient fuselé.

Ces mammifères terrestres sont devenus des **mammifères marins**.
Ils ont donc conservé les caractéristiques des mammifères :
ils ont des poumons, ne pondent pas d'œufs, et allaitent leurs petits.

Heureusement pour toi, le filet est déchiré. Tu te glisses dans le trou que tes camarades maintiennent grand ouvert à l'aide de leur rostre*. Vous fuyez droit devant vous, et ne reprenez votre rythme de croisière que lorsque vous ne percevez plus aucun signe du bateau.

Enfin libre, tu laisses éclater ta joie. Tu passes d'un camarade à l'autre en leur distribuant des petits signes d'affection : tu mordilles la nageoire de l'un, caresses avec une de tes nageoires le corps fuselé* d'un autre…

 SI TU DÉCIDES DE LES ENTRAÎNER DANS UNE PARTIE DE « FOOT », VA EN 36.

SI TU PRÉFÈRES PRENDRE DU REPOS, VA EN 21.

L'équipe du parc aquatique tourne autour de la piscine où tu gis lamentablement. Tu comprends que c'est de ton sort que l'on discute.

– On ne peut rien faire de cette bête, cela fait plus d'une semaine qu'elle stagne au fond de cette piscine sans bouger, peste le directeur. Elle me fait perdre beaucoup d'argent ! Qu'on appelle « Les amis des dauphins libres » et que l'on me débarrasse de ce mauvais élément !

Dès le lendemain, tu vois un vieil homme se pencher vers toi, les larmes aux yeux. Tu te dis que tu as bien fait de tenir tête à ces gens...

– Dans quel état lamentable es-tu, mon pauvre vieux ! s'exclame-t-il.

 SI TU DÉCIDES DE FAIRE LE MOURANT POUR ÊTRE SÛR DE QUITTER LES LIEUX AU PLUS VITE, VA EN 14.

SI TU FROTTES TA TÊTE CONTRE LA MAIN DE TON PROTECTEUR, POUR LE SUPPLIER DE T'AIDER, VA EN 32..

Pour te remettre de tes émotions, tu décides d'aller te reposer dans une baie. Tes amis t'y rejoignent. Vous y débusquez de petits calmars*, l'un de vos mets favoris, et vous remontez de temps à autre respirer à la surface.

Un jour, tu identifies grâce à ton sonar* un humain qui nage au loin. Le spectacle de ses petites jambes qui s'agitent en tous sens t'amuse.

Mais les clics que tu envoies en direction du nageur te retournent des signaux de danger. Il est en train de se noyer ! Tu fonces droit sur lui et attrapes délicatement son bras entre tes mâchoires.

Tu le ramènes à la surface, puis nages tout contre lui. Il suffoque et crache, mais parvient à s'agripper à ta nageoire dorsale… Tu l'aides à regagner la plage sous les yeux ébahis de la foule.

 SI TU DÉCIDES, APRÈS CE BEL EXPLOIT, DE TE LIER D'AMITIÉ AVEC LES HUMAINS, VA EN 31.

SI TU ACCEPTES DE DEVENIR LA MASCOTTE DE LA PLAGE, VA EN 18.

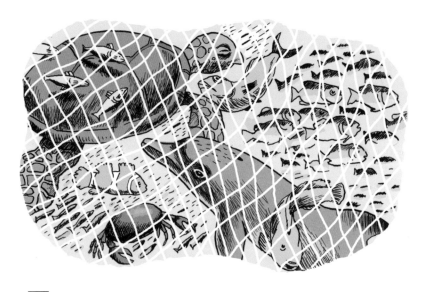

En voulant passer entre un de ces gigantesques navires-usines et le chalut qu'il traîne derrière lui, tu es emprisonné dans un immense filet. Tu n'y es pas seul : des tortues et autres espèces protégées ont été capturées avec toutes sortes de poissons. Aucun moyen d'échapper aux solides mailles de ce gigantesque filet de pêche. Tu sais ce qui t'attend… Tu bloques ta respiration et tu te laisses mourir.

TU AURAIS MIEUX FAIT DE RESTER AVEC TA BANDE POUR CHASSER PLUTÔT QUE DE T'APPROCHER DE CES MACHINES !

CAR LES DAUPHINS AIMENT RESTER GROUPÉS, N'EST-CE PAS JAMY ?

OUI, CAR LA VIE EN GROUPE OFFRE BIEN DES AVANTAGES !

L'importance du groupe

Les dauphins vivent en bande. Selon les espèces, ces bandes comptent de vingt à plus de cent individus.

Les dauphins se déplacent en banc, comme les poissons, parce qu'il est plus facile de se **défendre** et de se **protéger** en groupe. Ils s'entraident : un dauphin blessé est par exemple maintenu en surface par les autres pour pouvoir respirer.

Vivre en groupe est aussi pratique pour **chasser**. Les dauphins utilisent différentes techniques.

En solitaire

Le carrousel

Les dauphins encerclent les poissons, les forcent à resserrer les rangs et à nager en rond.

Le mur

Les dauphins, en ligne, poussent les poissons vers la rive où d'autres dauphins les attendent.

À la verticale, le dauphin fouille les fonds marins pour attraper les poissons cachés sous le sable. Il peut même glisser une éponge creuse sur son rostre* et fouiller les fonds pierreux.

Tu n'as pas froid aux yeux. Toi aussi tu peux être féroce lorsqu'on t'attaque. Tu t'élances et le charges. Tu frappes ton adversaire à l'aide de ta caudale. Un premier coup dans le foie lui fait comprendre qu'il est en danger. C'est en effet cet organe qui lui permet de flotter. Une bonne gifle sur l'une de ses ouïes, l'autre partie fragile de l'ignoble bête, complète ton attaque.

– Tu en veux encore ? as-tu l'air de dire en fouettant l'eau avec ta queue.

Le grand blanc en a eu pour son compte. Il s'écarte de toi pendant que tu savoures ta victoire.

BRAVO ! FILE EN 16 !

Au moment où tu frappes l'eau de ta nageoire caudale pour
prévenir ton compagnon du danger, un autre bateau se lance à
pleine vitesse contre vous. Pris de panique, tu plonges et te retrouves
prisonnier de l'immense filet déployé à l'arrière du bateau par
les chasseurs ! Plus chanceux que toi, ton compagnon a réussi
à s'enfuir. Il crie au loin son désespoir pendant que, tout
entortillé dans le filet, on te remonte sur le pont.
Tu es conduit à terre, et vendu au directeur du parc aquatique
qui jouxte la plage. Tu as perdu ta liberté !

 SI TU DÉCIDES DE TE LAISSER DRESSER, VA EN 11.

SI TU REFUSES DE TE LAISSER APPROCHER, VA EN 37.

Tu sillonnes les mers avec ta nouvelle compagne et au gré des rencontres, une nouvelle bande de copains se joint à vous. Vous quittez les Bahamas, pour gagner les eaux réputées poissonneuses de Mauritanie. Quelques haltes dans des baies sablonneuses donnent lieu à de joyeux ébats.

Comme tes compagnons, tu aimes les tendresses et les longues caresses. Très large d'esprit, tu laisses ta compagne convoler où bon lui semble… Il sera difficile de savoir qui est le papa quand la jolie dauphine, dans un an, mettra au monde son delphineau !

Mais vous avez du mal à vous nourrir. Les énormes navires-usines qui quadrillent la zone en tous sens vous privent de votre ration quotidienne de poissons.

 SI TU DÉCIDES DE QUITTER TA BANDE POUR GLANER QUELQUES POISSONS PRÈS DES NAVIRES-USINES, VA EN 22.

SI TU PRÉFÈRES ALLER MENDIER DES POISSONS AUX PÊCHEURS DU COIN, PRÈS DE LA CÔTE, VA EN 9.

Tu passes en fonçant devant ta bande de dauphins. Puis tu retournes vers eux en jouant avec les vagues formées par le bateau qui vogue non loin de vous.

Une masse légère brille sous l'eau : elle attire ton attention. Curieux, tu plonges ton rostre*. C'est alors que tu te sens chatouillé de toutes parts par un étrange voile. Tu secoues ta tête, essayes de décoller les fils qui bloquent ta nageoire caudale… Tous tes efforts n'y font rien : tu viens de t'emmêler dans le filet du bateau de pêche ! Tu commences à prendre peur et alertes tes compagnons. Mais que peuvent-ils faire ?

 SI TU ESSAYES D'ATTIRER L'ATTENTION DU PÊCHEUR, VA EN 30.

SI TU PRÉFÈRES ATTENDRE QUE TES COMPAGNONS T'AIDENT À SORTIR DE CE PIÈGE, VA EN 19.

Tu as souvent croisé des hommes sur des bateaux qui t'acclamaient, te photographiaient… Mais en vrai dauphin sauvage, jamais tu ne les as approchés de trop près.

Aujourd'hui, abandonné des tiens, tu sens qu'il te faut accepter de l'aide pour rester en vie. Et lorsque tu vois un vieil homme plonger de la poupe* du bateau pour venir à ta rencontre, malgré ta peur, tu ne prends pas la fuite. Tu frissonnes lorsque sa main se pose sur toi et te caresse doucement. Soulagé, tu comprends que cet homme ne te veut aucun mal.

TU AS RAISON DE FAIRE CONFIANCE À CET HOMME. VA EN 5 !

Pendant de longs mois, tu profites de ta vie sauvage retrouvée. Tu voyages, chasses, côtoies des bandes de dauphins. Mais l'animation de la côte finit par te manquer, et tu fais de fréquents passages dans les eaux côtières. Lorsque le poisson se fait rare en haute mer, tu mendies dans le port. Lorsque tu t'ennuies, tu joues avec les plongeurs. Tu es devenu une vraie attraction touristique : les habitants de la région se frottent les mains toutes les fois qu'ils te voient arriver.

Mais ta curiosité te perd… Tu ne manges plus comme un dauphin sauvage, la pollution attaque ta peau. Sous les éclats de rire des touristes du port, tu avales un jour un sac plastique ! Coincé dans ton estomac, il te fait terriblement souffrir. Un soir, tu t'échoues seul sur la plage où des enfants t'ont si souvent accueilli avec des cris de joie. Tu rends ton dernier souffle.

QUELLE TRISTE FIN ! MOURIR ÉTOUFFÉ PAR UN SAC PLASTIQUE...

*MAIS NON, FRED, IL N'EST PAS MORT ÉTOUFFÉ !
ATTENDS, JE VAIS T'EXPLIQUER...*

Le système digestif du dauphin

Les dauphins sont de gros mangeurs qui se nourrissent
de poissons, de mollusques (calmars, pieuvres...) et de crustacés.
La pollution de nos mers conduit parfois les dauphins à confondre des déchets
avec leur nourriture et à les avaler. Le dauphin attrape sa nourriture avec
les dents et l'avale **sans la mâcher.** Son système digestif ressemble à celui
des ruminants terrestres. L'estomac comporte trois poches. Dans la première,
la nourriture est broyée. Dans les deux autres poches, elle est dissoute.

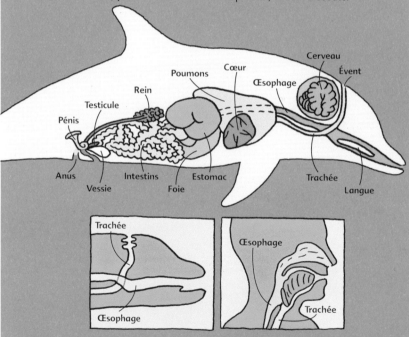

Mais chez le dauphin, les systèmes digestif et respiratoire sont **indépendants**.
La nourriture ne peut jamais passer dans la trachée (c'est ce qui se passe
chez l'homme quand il avale de travers) : c'est pourquoi le dauphin ne
peut pas manger sous l'eau ; il ne peut pas mourir étouffé par un sac
plastique... Le pauvre meurt en ce cas d'une occlusion intestinale.

Le requin patrouille au-dessus des coraux, son énorme gueule aux dents tranchantes légèrement entrouverte. Il a été attiré par l'odeur du sang qui s'échappe de la nageoire d'un de tes compagnons, blessé. À l'approche du requin, vous vous blottissez l'un contre l'autre pendant que vos compagnons forment un mur pour parer une l'attaque.

Le grand blanc, un requin de plus de cinq mètres de long, est maintenant tout proche de vous. Ses yeux noirs se fixent sur vos corps fuselés*. Il marque un temps d'arrêt, puis se lance sur vous comme un bolide !

Dès la première attaque, tes compagnons paniquent et prennent la fuite. Te voilà seul avec le dauphin blessé. La machine à tuer tourne autour de vous. Son ventre blanc lui donne un aspect fantomatique dans l'obscurité de l'océan…

 SI TU DÉCIDES D'ATTAQUER, VA EN 23.

SI TU PRÉFÈRES FUIR, VA EN 16.

Tes compagnons se regroupent autour de toi et crient. Tu leur réponds en vocalisant à ton tour. Le pêcheur, intrigué par ce raffut, s'inquiète. Il n'aime pas vous voir rôder autour de son bateau, car vous faites fuir le poisson.

– Maudites bêtes, fichez-moi le camp ! s'écrie-t-il en menaçant tes compagnons avec une rame.

C'est alors qu'il t'aperçoit.

– Une vraie calamité que ces dauphins ! Encore un filet de fichu, marmonne-t-il en tirant le filet vers lui.

Tu frémis en le voyant sortir un couteau de sa poche. Vas-tu être égorgé et débité en petits morceaux pour servir d'appât aux poissons ? Le pêcheur se penche en avant… Alors que tu commences à manquer d'air, tu le vois couper délicatement les mailles de son filet.

TU L'AS ÉCHAPPÉ BELLE !
UN BON CONSEIL, FILE SANS UN COUAC EN 21 !

Les jours suivants sont merveilleux. Tu batifoles autour des bateaux, sautes, plonges, joues avec les baigneurs. Tu apprécies la compagnie des humains, mais ne te soumets pas à leurs ordres. Tu fais ce que tu veux, quand bon te semble !

Curieux, tu as envie de savoir qui sont ces hommes qui semblent tant t'apprécier. Tu as déjà tes favoris : un colosse aux cheveux roux, qui part à la pêche chaque matin à bord d'un Zodiac ; un vieil homme qui vient te rendre visite régulièrement à bord de son voilier. Il est devenu ton grand ami. Il plonge et flotte à tes côtés. Tu adores ce paisible contact en tête à tête, tu aimes aussi sa voix. Il chante à gorge déployée et tu lui réponds par des vocalises, laissant échapper de ton évent* des bulles de contentement… Un vrai délice !

QUEL GRAND CURIEUX ! SI TU CONTINUAIS À OBSERVER LES HOMMES EN 12 ?

– N'aie pas peur, je vais te sortir de là...
L'homme t'emporte et t'installe dans un enclos, situé dans
une petite crique paisible. Mais tu n'as toujours pas recouvré
ta liberté ! Pendant des jours et des jours, tu lances des clics
pour appeler au secours. Attirés par tes signaux, quelques
dauphins curieux s'approchent du filet, maintenu par des
poteaux souples, qui sépare ton enclos de l'eau libre. Mais c'est
un requin qui, en voulant t'attaquer, s'emmêle dans les fils
et les déchire. Tu en profites pour filer vers le grand large…
un peu honteux de n'avoir pas remercié celui qui t'avait
recueilli. Il comprendra sûrement que tu préfères la compagnie
de ta bande de dauphins à la sienne. Tu retrouves les tiens
en pleine chasse dans les hauts-fonds* marins, et tu oublies
tous tes malheurs…

BRAVO ! TON CALVAIRE
EST TERMINÉ. C'EST BEAU
DE TE VOIR FENDRE L'EAU
À TOUTE ALLURE, TA JOIE
DE VIVRE ENFIN RETROUVÉE !

AU FAIT, JAMY, COMMENT
FONT LES DAUPHINS
POUR NAGER SI VITE ?

C'EST GRÂCE À LEUR FORME FUSELÉE AÉRODYNAMIQUE !

Un corps adapté à la vitesse

Un dauphin nage 5 fois plus vite que le plus rapide des nageurs olympiques. Il peut faire des pointes de vitesse à plus de 50 km/h !

Le corps fuselé du dauphin est fait pour une nage rapide.

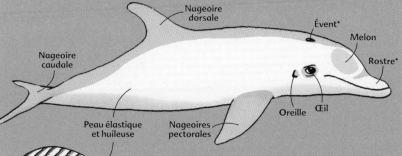

Nageoire dorsale

Évent*

Melon

Rostre*

Nageoire caudale

Oreille   Œil

Peau élastique et huileuse

Nageoires pectorales

La peau du dauphin est elle aussi faite pour la glisse. Huileuse, elle facilite la propulsion dans l'eau. À grande vitesse, elle se plisse et forme de microscopiques ondulations. Celles-ci annulent l'effet des turbulences qui ralentissent un corps propulsé dans l'eau.

Comme le dauphin doit venir respirer à la surface, la plupart de ses déplacements doivent s'effectuer du bas vers le haut et vice versa. Il a développé une technique de nage adaptée.

Les muscles puissants de la nageoire caudale propulsent le dauphin.

Les nageoires pectorales et dorsales servent uniquement à orienter la nage.

Tu es très faible et perds beaucoup de sang. Ta blessure, un trou profond au niveau du flanc, te fait terriblement souffrir. À bout de forces, tu te laisses porter par les vagues légères, lorsque tu vois une petite embarcation surgir à l'horizon. Qu'il est loin le temps où tu pouvais t'amuser à faire des bonds autour d'un bateau, au milieu des éclaboussures ! Épuisé, tu pousses un cri plaintif, comme un long sanglot. Mais aucun sifflement, clic ou gazouillis amical ne répond à ton appel de détresse. Le vrombissement d'un bateau à moteur, qui n'est plus qu'à deux mètres de toi, couvre les bruits de la mer.

SI TU DÉCIDES DE DEMANDER
DE L'AIDE AUX HUMAINS, VA EN 27.

SI TU PRÉFÈRES T'ÉLOIGNER DES HOMMES
AU PRIX D'UN TERRIBLE EFFORT, VA EN 13.

En sondant l'eau pour essayer de te nourrir, tu perçois un appel de détresse. C'est une dauphine en grand danger. Ses mâchoires sont coincées dans un morceau de filet dérivant. Vu sa maigreur, cela doit faire des jours qu'elle n'a rien pu avaler ! Tu essaies de tirer sur les fils pour la détacher, sans succès. Les mailles ont déchiré la peau de la pauvre bête, qui se met à saigner.

Un sauvetage d'urgence s'impose. Tu sondes l'océan et d'un clic repères un canot. En trois bonds, tu le rejoins, et sous les yeux médusés de ses occupants, tu le pousses en direction de la dauphine.

L'un d'eux comprend enfin la situation. Il se saisit de son couteau de plongée, saute à l'eau et la libère. Pleine de reconnaissance, elle bondit, ouvre sa large gueule, chuinte, bourdonne, braille de joie !

SI TU VEUX GAGNER LE GRAND LARGE AVEC TA NOUVELLE AMIE, VA EN 25.

SI TU PRÉFÈRES ALLER AVEC ELLE PRÈS DE LA CÔTE POUR QU'ELLE REPRENNE DES FORCES, VA EN 39.

Tu as fui vers le large. La déchirure de ta nageoire dorsale s'est infectée. Tu souffres et n'arrives plus à plonger pour te nourrir. Tu sais que tes jours sont comptés. Iras-tu demander de l'aide aux humains ? Tu préfères plonger la tête sous l'eau, et te laisser couler doucement pour ne plus jamais remonter…

Soudain, un appel se fait entendre. Les ondes frissonnent sur ta peau ; tu reconnais cette mélodie. Car c'est un chant, le chant de ton ami le vieil homme qui hurle à pleins poumons sa chanson préférée ! Tu rassembles tes dernières forces et nages jusqu'à son bateau.

TU ES ENTRE DE BONNES MAINS !
TON AMI VA SÛREMENT SAVOIR TE SOIGNER EN 5.

Tu prends de la vitesse et nages droit devant, suivi de près par ta troupe. Vos corps satinés glissent dans la mer limpide. D'un coup de nageoire contre le flanc d'un de tes compagnons, tu signales que tu prépares un bon coup. Tu repères une petite pieuvre qui flotte à la surface. Tu la lances contre le rostre* d'un de tes compagnons. Une folle partie de jet de mollusque commence… Les sifflements et les claquements secs de vos évents* résonnent dans les profondeurs de la mer.

Hélas, votre joyeux chahut attire l'une de vos plus terribles cousines, l'orque, affamée par une longue période de jeûne forcé ! Surgissant dans une masse d'écume, elle attrape le bout de la queue d'un dauphin entre ses mâchoires, le broie et l'engloutit. Pris de panique, tu plonges au moment même où l'énorme bête se tourne vers toi.

 SI TU PARS TE CACHER DANS L'OBSCURITÉ DES PROFONDEURS, VA EN 3.

SI TU PRÉFÈRES FUIR EN RESTANT À LA SURFACE, VA EN 6.

Le bassin où tu as été jeté dès ton arrivée dans le parc ressemble à une pataugeoire ! Tu tournes en rond, effleures les rebords avec tes nageoires… Il faut que tu sortes de là.

Après deux jours de jeûne, la faim te force à accepter un repas de la main d'une jeune dresseuse. Un seau de maquereaux à moitié pourris !

Tu dois te résigner à ton triste sort : participer à trois spectacles aquatiques par jour pour gagner ta ration de nourriture. Personne ne se doute que ton éternel sourire cache un ennui mortel ! Jour après jour tu perds tes forces ; l'eau de la piscine, traitée avec des produits chimiques, abîme ta peau. Les débris de poissons morts que tu manges, faute de mieux, te rendent malade…

SI TU REFUSES DE FAIRE
LES NUMÉROS D'ACROBATIE, VA EN 20.

SI TU DÉCIDES DE REFUSER LA NOURRITURE, VA EN 4.

Tu as vu un surfeur glisser sur les vagues, et tu ne peux résister à aller jouer avec lui. Heureusement ! Car en envoyant un clic pour repérer sa position à l'aide de ton sonar*, tu détectes un requin prêt à l'attaquer. Tu arrives à temps pour empêcher la puissante bête de le déchiqueter.

Tu te jettes sur le requin. Tu appuies de toutes tes forces sur son corps avec ta tête pour l'obliger à descendre dans les profondeurs. Il se débat. Tu le pousses sur les rochers qui pointent dans le sable, le relâches un peu, puis le pousses à nouveau. Ce petit jeu n'a pas l'air de lui plaire. Il décide d'abandonner la partie.

« Et ne reviens plus par ici ! » sembles-tu lui crier en sifflant ta colère.

Avec ton rostre*, tu diriges la planche vers le surfeur épuisé. Tu l'aides à regagner la plage, sous les regards ahuris de ses amis.

QUELLE PROUESSE ! J'ESPÈRE QUE L'ON VA TE REMERCIER COMME IL SE DOIT EN 18.

L'attrait de la nouveauté et le plaisir de cette nouvelle rencontre te mettent de fort bonne humeur. Tu danses sur les vagues en conduisant ta compagne vers une jolie crique, bien à l'abri des regards humains. Vous y êtes accueillis avec empressement par une bande de dauphins. La dauphine aime les caresses. Tu nages à ses côtés, ton aileron délicatement posé sur le sien. Les préliminaires amoureux se prolongent tard dans la soirée. Après quelques échanges voluptueux, tu laisses tes compagnons profiter eux aussi des jeux de l'amour.

Dans un an, quand la dauphine mettra au monde son petit delphineau, tu seras à ses côtés. Finies les virées océanes : la crique sauvage sera ton terrain d'aventures jusqu'à la fin de tes jours...

VOUS ÊTES DÉCONTRACTÉS
AVEC LES FILLES,
VOUS LES DAUPHINS !

IL PARAÎT QUE TU AS DÉJÀ ASSISTÉ
À UN ACCOUCHEMENT AQUATIQUE,
JAMY ? COMMENT ÇA SE PASSE ?

*C'EST TRÈS IMPRESSIONNANT, FRED !
TU SAIS, LA NAISSANCE D'UN DAUPHIN
SE PRÉPARE LONGTEMPS À L'AVANCE.*

Le début de la vie

Comme tous les mammifères, la femelle dauphin met au monde un bébé formé, qu'elle allaite. Elle ne porte qu'un petit à la fois. Vers la moitié de sa grossesse, elle cherche une ou deux autres femelles qui l'assisteront lors de la naissance. Selon les espèces, le bébé dauphin naît 9 à 16 mois après la fécondation.

La naissance d'un dauphin

Le bébé naît en présentant sa nageoire caudale.
Il mesure environ le quart ou le tiers de la taille de sa mère.

Le petit tète sa mère pendant environ 12 mois. Mais à 4 ou 5 mois, il apprend déjà à manger de la nourriture solide. Sevré, le jeune reste près de sa mère le temps d'apprendre tout ce qui sera nécessaire à sa survie. Le lien entre la mère et son petit est très fort chez les dauphins : ils ont des contacts tout au long de leur vie, c'est-à-dire entre 30 et 40 ans (durée de vie moyenne dans la nature).

Sa mère et ses « tantes » poussent le bébé dauphin à la surface pour qu'il prenne sa première respiration.

La première respiration

Anémone
Animal marin sans squelette et doté de tentacules. Il vit fixé sur les rochers.

Calmar
Mollusque carnivore marin au bec corné venimeux. Il a dix tentacules munis de ventouses.

Cétacé
Mammifère marin doté de membres antérieurs transformés en nageoires et pourvu à l'extrémité de la queue d'une puissante nageoire horizontale, appelée « nageoire caudale ».

Évent
Narine simple ou double située au sommet de la tête des cétacés.

Fuselé
Mot qui désigne un corps à la forme mince et galbée.

Gorgone
Animal marin sans squelette en forme d'éventail. Il vit en colonie et habite sur les rochers des mers chaudes.

Haut-fond
Banc de sable ou barre rocheuse affleurant souvent à la surface de l'eau. Sa profondeur est toujours faible, contrairement aux bas-fonds.

Poupe
Partie arrière du bateau en opposition à la proue qui est la partie avant.

Prédateur
Animal qui, pour se nourrir, capture et tue des proies vivantes.

Raie manta
Poisson géant pouvant mesurer jusqu'à 6 m d'envergure. Il a le corps aplati et de grandes nageoires triangulaires soudées à la tête.

Rostre
Partie dure et effilée dans le prolongement de la tête et ayant la forme d'un museau.

Sonar
Sorte de sixième sens du dauphin qui lui permet de détecter les objets éloignés en utilisant des ondes sonores.

Stridulation
Signaux sonores aigus émis par les dauphins et certains insectes.